DE L'ILLÉGALITÉ

DES

CONSEILS DE GUERRE

SPÉCIAUX

ÉTABLIS DANS L'OUEST;

Par Eugène Janvier,

AVOCAT A LA COUR ROYALE D'ANGERS.

Mais dans les États modérés où la tête du moindre citoyen est considérable, on ne lui ôte son honneur et ses biens qu'après un long examen; on ne le prive de la vie que lorsque la patrie elle-même l'attaque, et elle ne l'attaque qu'en lui laissant tous les moyens possibles de se défendre.

Aussi lorsqu'un homme se rend plus absolu, songe-t-il d'abord à simplifier les lois. On commence dans cet état à être plus frappé des inconvéniens particuliers que de la liberté des sujets dont on ne se soucie point du tout.

Montesquieu. *Esprit des Lois*, *liv.* 6, *chap.* 3.

ANGERS.

IMPRIMERIE DE ERNEST LE SOURD,

RUE FLORE, N° 12.

1832.

pendance et générosité ; il eût fait la part aux besoins sociaux en les conciliant avec l'inviolable respect de l'innocence et la miséricorde pour les vaincus.

Ce serait une grande faute politique de l'avoir mis en interdit, si avant tout ce n'était une audacieuse illégalité. Mon but est de le démontrer : je ne ferai pas *d'idéologie*, comme certains me reprochent d'y être enclin, je ferai de la jurisprudence.

Peut-être pourrais-je attaquer avec succès les ordonnances même qui ont d'une manière générale déclaré en état de siége plusieurs arrondissemens ou départemens de l'Ouest.

En effet, la loi du 8 juillet 1791 disposait que l'état de guerre et l'état de siége étaient déterminés par un *décret du corps législatif sanctionné et proclamé par le Roi*. A la vérité, la loi du 10 fructidor an V confia au Directoire le droit de mettre en état de siége les communes de l'intérieur ; mais dans le cas seulement de leur investissement par les ennemis ou les rebelles, à la distance de 1800 toises, et encore fallait-il que le Directoire informât le corps législatif de sa résolution.

Vainement objecterait-on que peu de jours après, le 19 fructidor an V, une loi nouvelle rendit au Directoire la faculté de mettre les communes en état de siége ; quelle est cette loi du 19 fructidor, celle-là même qui frappa un coup d'état contre une partie de la législation, proscrivit de rechef la maison d'Orléans, etc., etc.... C'est une loi depuis long-temps flétrie. Chacune de ses dispositions n'était qu'un des moyens de succès du coup d'état qu'elle organisait. Il serait inoui qu'après la révolution de juillet, on osât lui arracher un lambeau pour s'en faire un titre...

Je ne pense pas non plus qu'il y ait lieu de se prévaloir de ce que la Constitution de l'an VIII attribuait au chef de l'Etat le droit de *paix et de guerre.* Si ce droit était la source de celui de *mise* en état de siége, le dernier ne procéderait que comme moyen de défense contre une armée étrangère et non contre une armée de rebelles à l'intérieur.

Il faut le reconnaître, Napoléon lui-même, dans le décret du 24 décembre 1811, ne semble pas avoir étendu sa prérogative impériale aussi loin qu'on le suppose aujourd'hui. Les rubriques du décret, de ses titres, chapitres et paragraphes, suffisent pour démontrer qu'il ne s'applique qu'aux places de guerre. On s'en convainc davantage en le lisant avec attention, depuis l'article 50 jusqu'à l'article 120. Partout on voit qu'il ne s'agit point de la mise en état de siége d'une commuue entière, et, à plus forte raison, de plusieurs départemens à la fois. A cet égard, on rentre dans la loi du 10 fructidor an V, à moins qu'on n'ait le triste courage d'appeler à son aide celle du 19 du même mois...

Que suit-il de ce rapide aperçu de la législation? que la monarchie de 1830 a excédé le despotisme de l'empire, qu'elle a recouru aux moyens désespérés par lesquels le Directoire tenta vainement de retarder sa chute. La colère ou la peur ont seules pu arracher à un ministère pour qui, sous plus d'un rapport, j'ai estime et gratitude, des ordonnances empreintes d'illégalité... A peine si elles auraient pu être autorisées par l'article 14 de la Charte de 1814, d'après lequel le Roi pouvait rendre des ordonnances pour l'exécution des lois et *la sûreté de l'état.* Cet article, surtout rapproché du préambule de la Charte, semblait investir dans les cas extraordinaires, le monarque d'une dictature véritable ; mais la Charte de 1830 a eu pour objet principal de modifier et de restreindre la puissance royale. Il ne lui est plus donné que de faire les *ordonnances nécessaires pour l'exécution des lois, sans pouvoir ni suspendre les lois elles-même, ni dispenser de leur exécution.*

Eh bien ! est-il possible de prononcer l'état de siège sans opérer le suspension des lois du pays ? Si cela est possible, je souscris aux ordonnances ; sinon, je les dénonce à quiconque, citoyen ou magistrat, ne se rit pas des sermens prêtés à la constitution.... A tort ou à raison, elle n'a pas imité quelques-unes des constitutions précédentes qui avaient déterminé pour quels motifs et dans quelles formes elles pourraient être suspendues. Suspendre un seul instant, et n'importe sous quel prétexte, la constitution de 1830, c'est la violer, c'est renouveler le parjure de Charles X ; c'est attaquer dans son principe la royauté de juillet....

Je ne fais qu'esquisser les nombreux argumens qu'il serait facile de développer contre les ordonnances de *mise en état de siège* ; ce ne sont pas elles au surplus que je combats ; mais les instructions ministérielles qui leur ont prêté pour conséquence monstrueuse, l'établissement au sein de nos contrées de commissions militaires....

Non, non, telle n'est pas la conséquence légale de l'état de siège. Qu'on se reporte à la loi du 8 juillet 1791 ; son article 10 est ainsi conçu : *Dans les places de guerre, lorsque les lieux seront en état de siège, toute l'autorité dont les officiers civils sont revêtus par la constitution, pour le maintien et l'ordre de la po-*

lice intérieure, passe au commandant militaire, qui l'exerce exclusivement sous sa responsabilité personnelle.

Ainsi, le commandant de la place assiégée est investi de la police; mais la police est-elle la justice ? qui les confondrait l'une avec l'autre?... La première, on le conçoit, peut être livrée dans un moment de crise à l'autorité militaire; mais lui abandonner la justice.... En 1791 on n'eût même pas cette pensée funeste....

Nul autre que Napoléon ne l'eût conçue : elle lui traversa l'esprit à l'époque où il était plongé dans l'enivrement de la tyrannie, où il violait avec la plus amère ironie tous les droits constitutionnels des Français; où, sous prétexte de favoriser la liberté de la presse il établissait la censure; où dans l'intérêt de la liberté individuelle il instituait des prisons d'état; où pour assurer la liberté des jugemens, il multipliait les commissions de toute espèce ... Est-il étonnant qu'alors il ne se soit pas fait scrupule d'outrer les résultats de l'état de siège, jusqu'à substituer, dans ce cas, *les tribunaux militaires aux tribunaux ordinaires?*

La cour royale de Paris n'aurait-elle pas dû y regarder de plus près, avant de dire que le décret du 24 décembre 1811 n'avait été rendu que pour l'exécution de la loi du 8 juillet 1791? N'est-il pas évident qu'elle n'avait pas la même portée que le décret? Celui-ci est donc illégal, à moins qu'on ne prétende qu'il a acquis force de loi, n'ayant pas été attaqué pour cause d'inconstitutionnalité. Mais qui ne sait qu'en 1811, le pouvoir qui avait le droit exclusif de former ce recours, avait été anéanti...

Cette raison, j'en conviens, n'a pas suffi, nonobstant l'opinion de M. Dupin, pour entraîner la nullité du décret de 1811 sur le monopole universitaire et du décret de 1812 sur la chasse ; mais qu'on prenne garde que ces décrets ont, jusqu'à un certain point, reçu le baptême légal par les lois ultérieures qui les ont référés.

D'ailleurs, le sénatus-consulte de 1814 qui prononça la déchéance de Napoléon énonce expressément, au nombre des motifs pour lesquels elle est prononcée, d'avoir confondu tous les pouvoirs et *attenté à l'indépendance du pouvoir judiciaire....*

Quelqu'un soutiendrait-il que le sénat a laissé debout les actes tyranniques, à cause desquels il a renversé leur auteur?.. Or, quel acte plus attentatoire au pouvoir judiciaire que d'y substituer le pouvoir militaire, même à la faveur de l'état de siége, déclaré sous un motif, tantôt sérieux, tantôt frivole... L'article 103 du décret de 1811 a donc été enseveli sous les ruines du trône impérial.

Que s'il eût survécu, ce n'eût pas été pour longtemps, il eût été indubitablement abrogé par la charte de Louis XVIII. L'art. 59 de celle-ci eût suffi à cette abrogation. Que porte-t-il ? Les cours et tribunaux *ordinaires actuellement existans sont maintenus.*

Les maintenir, n'était-ce pas détruire tous autres qui n'étaient ni *ordinaires*, ni lors *existans* ? et qui prétendrait que les tribunaux militaires jugeant les citoyens pour délits politiques, sous prétexte d'état de siége, fussent en activité et eussent juridiction de droit commun au moment de la promulgation de la charte?

Il est remarquable comme elle prit soin de garantir

les Français contre le rétablissement de ces tribunaux de cironstance, dont il avait été fait un si sanglant abus sous le gouvernement qui finissait. L'art. 62 érigea en règle générale *que nul ne pourrait être distrait de ses juges naturels*. Pour qui ne joue pas avec les mots, cela signifiait, que jamais nul ne serait traduit devant des juges créés spécialement pour certains temps et pour certains cas; et du reste, par une surabondance de style rare dans le style des lois, l'art. 63 déduisait par voie d'enthymème la conséquence nécessaire et immédiate de l'art. 62; à savoir, *qu'il ne pourrait être créé de commissions et tribunaux extraordinaires*.

Je défie au sophiste le plus habile d'éluder des textes aussi clairs; mais s'il parvenait à équivoquer avec la Charte de 1814, celle de 1830 ne lui laisserait pas la possibilité d'une de ces distinctions subtiles, graces auxquelles on échappe à l'évidence.

En effet, de même que l'art. 14 de l'ancienne Charte, son article 63 a éprouvé un changement de rédaction qui a eu pour but de déjouer les subterfuges de la mauvaise foi dans son interprétation. Il figure maintenant dans la Charte nouvelle, sous le n° 54 et en ces termes : « Il ne pourra en conséquence être créé de commissions et de tribunaux extraordinaires à quelque titre et sous quelque dénomination que ce puisse être. »

Le *Moniteur* constate qu'au moment où cette rédaction fut proposée à la chambre des députés, des acclamations éclatèrent dans l'assemblée. Et pourquoi ces acclamations? parce que l'on était sous l'impression toute récente encore de l'affreux projet conçu par M. de Polignac, de mettre Paris en état de siége et de livrer ses meilleurs citoyens à des tribunaux militaires. La chambre applaudit d'un élan unanime à la disposition qui proscrivait d'une manière si formelle cette épouvantable ressource de la tyrannie. La chambre se fût soulevée en masse d'indignation contre celui de ses membres qui aurait osé monter à la tribune et prédire que moins de deux ans après, nonobstant toutes les précautions constitutionnelles, plusieurs départemens seraient couverts de commissions militaires et que la capitale subirait elle-même cette effrayante juridiction.

L'histoire est un infaillible interprète de l'art. 54 de la constitution de 1830. Cet article ainsi que l'art. 13 qui a remplacé le fameux article 14, ont été rectifiés sous le coup des événemens qui avaient menacé le pays et du retour desquels on voulait éternellement le garantir.

J'ai entendu balbutier à mes oreilles que les auteurs de la Charte n'avaient proscrit les tribunaux extraordinaires, que pour l'état normal de la société. Pitié et mépris, sur qui s'est le premier ingénié de cette misérable argutie. On serait tenté de lui répondre : en la faisant vous mentez à vous-même ; elle ne compromet pas seulement votre bon sens, elle compromet votre bonne foi.

Dites, si vous voulez, que c'est un tort à la Charte d'avoir désarmé le pouvoir, de l'avoir condamné à faire face aux crises extraordinaires avec les moyens ordinaires. Je reconnais que la Charte en haine du despotisme a énervé peut-être l'action gouvernementale : est-ce un bien, est-ce un mal ? je ne l'examine pas ici ; je ne parle pas en législateur, je parle en jurisconsulte, et comme tel je proclame que c'est la plus flagrante des violations du pacte constitutionnel ; une violation aussi caractérisée que celle commise par les ordonnances du 25 juillet 1830, d'avoir en 1832 institué des tribunaux exceptionnels à *titre d'état de siége* et sous la *dénomination de conseils de guerre spéciaux*. Je me trompe de comparer ce dernier coup d'état à celui qui a provoqué la révolution de juillet. Graces au ciel la personne et la puissance du roi des Français sont hors du débat que j'agite; Louis-Philippe n'a pas souscrit la violation de promesses qu'il avait faites à la nation; ce sont ses ministres qui, seuls, moralement et légalement sont responsables d'avoir organisé l'usurpation de la véritable justice du pays. Encore une fois ces ministres, et je ne le dis pas par précaution d'écrivain, car je n'ai, Dieu merci, besoin de ménager personne ; je ne veux que rendre à chacun ce qui lui est dû, les ministres ont sauvé la patrie par leur récente énergie; mais ils se sont engagés dans la pire des combinaisons. Représentans du système de la légalité, ils se sont mis en révolte ouverte contre elle. Si ce n'était pas assez, pour les en convaincre, du texte de l'art. 54, son commentaire par M. Dupin est incisif d'opportunité.

« Il ne suffisait pas d'avoir dit, avec l'art. 62 : Nul » ne pourra être distrait de ses juges naturels ; » ni même d'ajouter, avec l'art. 63 : « Il ne pourra en con» séquence être créé de commissions et tribunaux ex» traordinaires ; pour prévenir tout abus possible, nous » avons ajouté *à quelque titre et sous quelque dénomi» nation que ce soit ;* car les noms trompeurs n'ont

» jamais manqué aux mauvaises choses ; et, sans cette
» précaution, on pourrait rétablir le tribunal, au fond
» le plus irrégulier, en lui donnant faussement la dé-
» nomination d'un tribunal ordinaire. »

A moins de désavouer ses maximes de tribune, M. Dupin, du haut de son siége de magistrat, ne pourra manquer de réprouver et de flétrir l'horrible détour qui a été pris pour ressusciter les commissions militaires en France.

Comment des ministres se sont-ils rencontrés qui aient oublié si vite l'exemple des derniers ministres de Charles X?

Qui ne se souvient qu'au nombre des griefs élevés contre eux, figura celui d'avoir voulu mettre Paris en état de siége, et à ce moyen *distribuer à leur gré des condamnations militaires*? C'était M. Salverte qui s'exprimait ainsi, en proposant l'accusation. M. Béranger, qui fut le rapporteur de cette proposition, ne trouvait point d'expressions trop fortes pour stigmatiser la mise en état de siége : « La journée du 28,
» disait-il, offre le spectacle d'un roi de France traitant
» sa capitale en ville ennemie : Paris est mis en état de
» siége ; il va subir le sort qu'il n'eût probablement pas
» eu à redouter d'une troisième invasion....... Un ma-
» réchal de France est chargé de cette horrible mis-
» sion........ Le président du conseil écrit au maréchal
» qu'un conseil de guerre doit juger les coupables....
» Effectivement on s'occupa le même jour d'organiser
» ce puissant moyen de terreur..... »

M. Persil, le même qui depuis s'est fait le champion outré de l'état de siége, alors, avec cette âpreté et cette amertume de paroles qui le distinguent, reprochait aux ministres, qu'il accusait devant la pairie, leur criminelle résolution de mettre Paris en état de siége. « Ainsi, » s'écriait-il, la première ville de France était mise hors » la loi. Un million de citoyens ne devaient plus trou- » ver de protection que dans l'autorité militaire. Les » magistrats de la cité étaient dépouillés de leur in- » fluence et de leur autorité. La vie, la fortune, l'hon- » neur des citoyens étaient livrés à des commissions » extraordinaires ou à des conseils de guerre..... »

Quelle a dû être la surprise des prisonniers de Ham, en lisant le récent réquisitoire du plus implacable de leurs accusateurs! N'est-il pas évident qu'il leur a ouvert un moyen de révision contre l'arrêt qui les a condamnés, par ce motif entr'autres *considérant qu'ils ont conseillé au Roi de mettre Paris en état de siège...*

Tant pis pour qui ne comprendrait pas que ces diverses citations sont autant d'anathèmes qui retombent sur les organisateurs des tribunaux militaires à Paris et dans l'Ouest. Ces citations confirment ce que j'ai avancé sur l'origine des modifications introduites dans l'article 63 de la Charte octroyée.

Rien n'est si difficile à convaincre que celui qui ne veut pas être convaincu. Je pourrais citer tel qui n'a répondu à tous mes raisonnemens, qu'en me déclarant qu'il était inconvertissable. Permis à lui et à ses pareils de le dire; mais je leur défie de le croire et je leur prédis qu'avant six mois, ils se sentiront le remords dans l'ame et la rougeur sur leur front, lorsqu'on leur rappellera qu'ils ont confisqué la Charte entière au profit du décret du 24 décembre 1811. Ils auront beau vouloir s'excuser en répétant que la

Charte n'est faite que pour les temps de calme... Ah! reprenez-la cette Charte à laquelle vous prodiguez les protestations d'une menteuse fidélité ; reprenez-la, si elle n'a de vie que pour les temps paisibles. C'est surtout, c'est seulement dans les temps de factions et de troubles, que les citoyens ont besoin d'être prémunis contre les excès auxquels le désir immodéré de sa conservation entraîne le pouvoir. C'est surtout, c'est seulement quand les conspirations éclatent, que le drapeau de la révolte est levé, que les gouvernans sont tentés d'ôter aux accusés politiques les garanties accoutumées; les tribunaux révolutionnaires, les cours spéciales, Les commissions militaires, les cours prévotales, n'ont été institués que pour prévenir et réprimer les partis plus ou moins menaçans, plus ou moins redoutables.

Si donc le nouvel article 54 ne s'applique pas dans les jours d'orage, il n'est plus qu'une dérision, qu'un mensonge; il n'existe plus que pour les cas où il cesse d'être tutélaire. Ce n'était pas la peine de le mettre dans la charte de 1814, ni de l'amender dans celle de 1830.

Honte à qui prétendrait que la stricte observance des lois entraînerait trop de lenteur dans le jugement des nombreux coupables ; sans le savoir, il ne serait que le plagiaire de ce magistrat de Colmar, que pendant dix ans le libéralisme a couvert d'ignominies, parce que, lui aussi, trouvait que la justice ordinaire ne marchait pas; il s'extasiait sur l'admirable célérité de la justice militaire, et voulut par cette raison renvoyer devant elle le malheureux Caron... Et en effet, Caron fut promptement *expédié*... Il n'était qu'un individu isolé, et cependant son sang a crié contre ses bourreaux : il criera éternellement!...

J'ai le cœur nâvré en pensant que de nos jours, des hommes honnêtes, modérés, et vraiment ils le sont tant qu'ils n'ont pas peur, vous jettent avec quiétude et bonhommie cette petite maxime accommodée à leur usage et qu'ils ont empruntée à Carrier ou à Fouquier-Tinville : *Que voulez-vous, c'est malheureux; mais il faut en finir!*

Bonnes gens ! qui pleurent les victimes et n'ont pas le courage de les défendre !...

Malgré moi je me laisse entraîner à mon indignation.... Je me hâte de rentrer dans la discussion légale. Quelques partisans de la mise en état de siège, et ceux-là sont les plus éclairés et les plus scrupuleux, comprennent que ce serait une *véritable rouerie*, qu'on qu'on me passe le mot, d'arriver par voie indirecte et tortueuse au rétablissement des juges-commissaires; mais ils prétendent que les conseils de guerre ne présentent point le caractère de commissions, que ce sont des *tribunaux ordinaires existans* en 1814 et 1830, et qui par conséquent ont été maintenus.

Oui, ils ont été maintenus, je le reconnais, quoiqu'à cet égard il y ait eu grave controverse; ils ont été maintenus, mais tels qu'ils existaient avec leurs attributions habituelles; or, quelles sont ces attributions; elles sont clairement déterminées par les lois des 13 brumaire an 5 et 18 vendémiaire an 6.

L'art. 1er de la première de ces lois porte : « Il sera établi un conseil de guerre permanent dans chaque division d'armée et dans chaque division de troupes à l'intérieur, pour connaître et juger tous les délits militaires. »

Quant à la loi du 18 vendémiaire an 6, d'après son article 19 : « Il doit être établi conformément à la loi du 13 brumaire an 5, dans chaque division militaire, un second conseil de guerre permanent pour connaître et juger tous les délits militaires, en cas d'annulation des jugemens par le conseil de révision.

Ne résulte-t-il pas du texte de ces dispositions que la compétence des conseils de guerre est restreinte aux délits militaires. A l'égard des autres délits, ils ne pourraient en connaître que par une attribution exceptionnelle. Par rapport à ces délits non militaires, les conseils de guerre seraient donc des juridictions extraordinaires et par conséquent anéanties.

La conclusion est irréfragable. Mais, dira-t-on, et je désire aller au-devant de toutes les difficultés, la plupart des faits que les conseils de guerre seront appelés à juger, par suite de l'état de siége, en tout temps rentrent dans leur compétence, et à l'appui de ce système on invoquera des lois depuis long-temps oubliées.

Par exemple, quant aux accusés d'embauchage, on leur opposera la loi du 4 nivose an 4, l'art. 9 de la loi du 13 brumaire an 5, l'art. 1er du titre 4 de la loi du 21 brumaire même année. Les accusés écarteront aisément ces diverses lois par celle du 18 pluviose an 9, qui soumit à des tribunaux spéciaux le crime d'embauchage. Il est vrai que le jugement leur en fut retiré par un décret du 17 messidor an 12, qui en investit des commissions militaires spéciales. Celles-ci ayant été à leur tour anéanties par la Charte, peut-il être douteux que leurs attributions ont dû retourner à la juridiction ordinaire à laquelle elles avaient été soustraites ? Les juridictions d'exception n'héritent pas les unes des autres par droit de retour ; il faut une loi formelle pour les saisir ; une fois dépouillées, il faut une loi formelle pour les ressaisir. Comment, en une pareille matière, admettre qu'une attribution détruite revive de plein droit et implicitement ? cela serait contraire aux principes les plus élémentaires.

Je reproduis ici la substance des raisonnemens à l'aide desquels l'éloquent et courageux Odilon-Barrot défendait Caron devant la cour de cassation; mais cette cour qui, en l'an 5, à l'occasion du fameux procès de Brottier de la Villeurnoy et consorts, avait fait entendre d'énergiques protestations contre la traduction de simples citoyens devant un tribunal militaire, sous l'accusation d'embauchage, céda à la restauration, et lui accorda un arrêt qui fut pris pour un service.

Un des membres de la cour suprême, M. Carnot, dans son Commentaire du Code pénal, n'a pas fait grace à la décision de ses collègues, et un concert de malédictions s'est élevé contre les magistrats qui consacrèrent en principe, le 22 août 1822, qu'un citoyen, une femme, un vieillard pouvaient être traduits devant un conseil de guerre, jugés et exécutés dans les vingt-quatre heures. La révolution de juillet ne se trahirait-elle pas de profiter contre ses ennemis d'une pareille jurisprudence ?.....

Bien plus, l'étendrait-elle à des crimes qu'au plus fort de ses colères et de ses périls, jamais la légitimité n'a osé soustraire au jury ? Je veux parler de la rébellion commise par des bandes armées. C'est avec surprise, avec scandale que j'ai vu prêter au président du conseil de guerre de Paris, qui a impitoyablement condamné à mort le jeune républicain Geoffroy, cette réponse au malheureux qui parlait d'incompétence: « Les lois des 30 prairial an 3 et 1er vendémiaire an 4 rendent justiciables des conseils de guerre les faits de rébellion, quels que soient les individus qui les commettent. »

D'abord ces lois ne privaient de leurs juges naturels que les individus pris en *flagrant délit* dans les rassemblemens séditieux. Le texte des lois citées est formel à cet égard; et de plus, un arrêt de la cour de cassation, du 27 germinal an 7, a jugé que, sous l'empire des lois du 30 prairial an 3 et du 1er vendémiaire an 4, les rebelles arrêtés hors des rassemblemens ne devaient pas être traduits devant les tribunaux militaires; qu'ils étaient justiciables des tribunaux ordinaires. Mais désormais, quel que soit le lieu d'arrestation des rebelles, ils ne peuvent être soumis à la justice martiale. S'il a été décidé qu'elle était encore compétente postérieurement à la constitution de l'an 8, l'article 12 de la loi du 18 pluviose an 9 ayant déféré aux tribunaux spéciaux les rassemblemens séditieux, et l'institution des cours spéciales ayant été généralisée par l'art. 554 du Code d'instruction criminelle, les conseils de guerre perdirent dès-lors leur compétence, qui passa en 1816 aux cours prévôtales. Or, tout à l'heure j'ai prouvé que l'héritage des juridictions exceptionnelles ne retournait pas à leurs devancières, mais bien à la juridiction primitive et générale.

Si M. le président du conseil de guerre de Paris eût consulté M. Odilon-Barrot dans le plaidoyer Caron, Dalloz, *Jurisprudence du royaume*, tom. 3, p. 569, enfin Merlin, *Répertoire*, v° Conseil de guerre, n° 4, M. le président n'eut pas publiquement professé une doctrine qu'à tort je viens de dire n'avoir jamais été mise en pratique par la restauration. Mes souvenirs ne remontaient pas jusqu'en 1816, jusqu'aux fusillades de Grenoble: le général Donnadieu les cousomma, si je ne me trompe, au nom des lois de prairial an 3 et vendémiaire an 4. Reste à savoir si le général Donnadieu trouvera des imitateurs en 1832.

On aura beau feuilleter le *Bulletin des lois*, on n'en trouvera pas une qui ôte aux conseils de guerre leur qualité de tribunaux extraordinaires vis-à-vis des citoyens accusés de délits politiques. C'est ce qu'enfin a jugé sans aucune restriction, la Cour suprême par deux arrêts de l'année 1831, dont la date précise me fuit en ce moment. L'odieux arrêt de 1822 a donc perdu son autorité.

Jusqu'ici mes attaques ont porté à la fois contre les conseils de guerre de Paris et ceux de l'Ouest; tous sont illégaux, tous sont devenus des *tribunaux extraordinaires*, par rapport à l'extension de compétence qu'ils s'arrogent ou qu'on leur impose. Cependant, il y a une distinction essentielle à signaler entre le premiers qui sont *permanens* et les seconds qui sont *spéciaux*. Les premiers, du moins, sont les *tribunaux ordinaires* de la *juridiction militaire*, tandis que les seconds, même dans la sphère de cette juridiction, sont des commissions: leur nom seul l'indique.

Quelle loi le ministère a-t-il été réduit à invoquer pour en prescrire la création? la loi du 14 fructidor an 7. J'ai été curieux de vérifier cette loi, et qu'ai-je lu? » Art. 1er. Lorsqu'un département sera déclaré en état

» de troubles civils, ou renfermera une ou plusieurs
» communes déclarées en cet état et sujettes aux dis-
» positions de la loi du 24 messidor an 7, le Directoire
» exécutif est autorisé à y faire établir spécialement un
» conseil de guerre, indépendant et séparé de celui de
» la division militaire, pour juger, dans l'étendue de ce
» département, les délits dont la connaissance est at-
» tribuée aux conseils de guerre. »

J'ai poussé plus loin mes recherches, j'ai cru devoir me reporter à la loi à laquelle il se réfère et dont il s'annonce être une dépendance. Qui le croirait, la loi du 24 messidor an 7, c'est celle connue et déshonorée sous le nom de *loi des ôtages*. Apparemment on n'a pas la prétention qu'elle soit encore vivante, et pourtant, si elle est morte, n'y a-t-il pas lieu d'appliquer à la loi du 14 fructidor suivant, la maxime *accessorium sequitur principale*.

On aurait dû y regarder de plus près avant de l'exhumer du *Bulletin des lois*. Il est probable qu'on ne savait pas de quelle autre elle était *l'annexe, le pendant*.

S'obstinerait-on à prétendre qu'elle est restée en vigueur? tout au plus ce serait jusqu'à la Charte de 1814. Malgré les opinions contraires, j'ai admis qu'elle avait conservé les conseils de guerre *permanens*; mais pourquoi? à cause de leur *permanence* qui les rendait, au 4 juin 1814, *existans et ordinaires*. Sans doute leur permanence est plutôt un mot qu'une réalité; ils ne sont guère en *fait* que des commissions; mais les conseils spéciaux le sont de *fait et de droit*, puisque le choix de leurs membres est abandonné à la discrétion du commandant de la division militaire. Ils ne sont que ses délégués; de même qu'il leur confère leur mission temporaire, de même il peut la révoquer; ils sont dans sa complète dépendance : nuls juges ne seront des commissaires si ceux-là ne le sont pas; et leur juridiction ne serait pas inconstitutionnelle ! Mais la restauration elle-même a reconnu qu'elle l'était; elle a proclamé que depuis son avènement les conseils de guerre permanens étaient restés investis exclusivement de la justice militaire. Dans une ordonnance du 3 juillet 1816, non insérée au *Bulletin des lois*, mais insérée par M. Isambert dans son recueil, année 1816, page 457, on lit en préambule : « Sur le rapport du ministre » de la guerre exposant que l'arrêté du 16 germinal » an 12 relatif à la discipline et à la justice à exercer » dans les bataillons coloniaux, contient entr'autres dis- » positions, celle de faire juger ceux qui appartiennent » à ces corps par une commission militaire, lorsqu'ils » se rendent coupables de quelques délits, S. M. a or- » donné d'après les *dispositions de la Charte consti-* » *tutionnelle*, qui prohibe la création de tribunaux » extraordinaires, que les conseils de guerre perma- » nens seront ressaisis conformément à la loi. »

Je ne serais pas surpris qu'on ne s'attachât judaïquement à la lettre de cette ordonnance et qu'on refusât d'en pénétrer l'esprit. Littéralement elle ne s'applique qu'aux commissions militaires établies par l'arrêté du 16 germinal an 12; rationnellement elle frappe sur tous les tribunaux militaires autres que les conseils de guerre permanens.

Du reste, je m'abstiendrai de développer cette thèse qui est loin d'être neuve; elle a été décidée par trois arrêts de cassation des 12 octobre 1815, 8 août 1816 et 16 avril 1818. Tous les trois sont conçus dans les mêmes termes, et voici quels : « Attendu que les

» conseils de guerre et de révision *permanens* créés » par les lois du 13 brumaire an 5 et 18 vendémiaire » an 6, ont été investis par ces lois d'une attribu- » tion générale sur tous les délits qui appartiennent à » la juridiction militaire ; qu'ils sont les tribunaux » ordinaires de cette juridiction ; que les *conseils de* » *guerre spéciaux*, les commissions militaires et les » conseils de guerre extraordinaires qui, d'après des » décrets postérieurs à ces lois, doivent être formés » pour juger d'une manière spéciale certains délits » et qui sont dissous aussitôt qu'ils y ont prononcé, » ne sont dans la juridiction militaire que des tribu- » naux d'exception, des tribunaux extraordinaires qui, » d'après les articles 62 et 63 de la Charte constitution- » nelle ne pourraient être encore formés sans que leur » création ne fût une violation du principe consacré » dans ces articles ; qu'il en est de même de la forma- » tion de toute commission militaire ou de tout autre tri- » bunal, fût-il créé pour être permanent et pour con- » naître des délits militaires en général, s'il n'était » pas organisé dans les formes établies par les susdites » lois des 13 brumaire an 5, 18 vendémiaire et 11 » frimaire an 6. » Qu'est-ce à dire que les conseils de guerre spéciaux organisés en vertu de la loi du 14 fructidor an 7, ont été abolis par la première, et à plus forte raison par la dernière Charte.

Cette jurisprudence de la cour suprême a été consacrée par l'adhésion des auteurs. Le Graverend (*Traité de la législation criminelle*, tom. 2, page 596.) cite textuellement l'arrêt du 8 août 1816 et s'en approprie les principes. Dalloz (*Jurisprudene générale du royaume*, tom. 3, pag. 536) s'exprime ainsi : « De- » puis la Charte constitutionnelle, les conseils de

» guerre et de révision permanens sont devenus les
» seuls tribunaux militaires, et toute autre justice mi-
» litaire ne présenterait que le caractère illégal d'une
» commission arbitraire. L'abrogation de ces tribu-
» naux d'exception contraires à la constitution géné-
» rale du royaume a été reconnue, comme nous le
» verrons, par la cour de cassation et par une ordon-
» nance royale du 21 février 1816. »

Enfin M. Favard de Langlade (*Répertoire de la nouvelle jurisprudence*) : « Indépendamment de ces tri-
» bunaux militaires ayant la juridiction commune et
» générale, dans certaines circonstances et pour cer-
» tains crimes, on avait établi des tribunaux particu-
» liers tels que des commissions militaires, des conseils
» de guerre spéciaux, etc., sortes de tribunaux d'ex-
» ception, dont les attributions toujours limitées,
» parfois n'étaient que temporaires; mais par la
» Charte tous ont été supprimés. »

Je ne pousserai pas plus loin la démonstration; elle me semble complète. Les conseils de guerre spéciaux ne pourraient juger des militaires accusés de délits militaires, comment seraient-ils compétens à l'égard de citoyens prévenus de crimes qualifiés et punis par le code pénal ordinaire? Ces conseils présentent doublement le caractère de commissions. Il est facile de disputer sur le mot; la chose est incontestable, et la chose est incompatible avec le régime constitutionnel; même sous la monarchie absolue, elle était considérée comme un détestable abus de pouvoir. Quand il prenait envie à un roi de France de faire condamner vîte et beaucoup, il créait des tribunaux de commande, des chambres ardentes, des prévôtés ou toute autre espèce de commissariat judiciaire. Le fréquent emploi de ce mode de jugement a flétri Richelieu aux yeux de la postérité, et plus d'exécration encore pèse sur la mémoire de Laubardemont, qui fut l'instrument sanguinaire des volontés de l'implacable ministre.

L'histoire, cette grande vengeresse, ne s'est pas donné la peine d'examiner si les commissions avaient par hasard frappé quelques coupables, elle a réhabilité les victimes en masse et en vertu d'une présomption d'assassinat juridique; elle a en quelque sorte gravé sur la tombe de chacune d'elles cette épitaphe réparatrice : *Condamné par commission, mort innocent.*

Peut-être c'est là un préjugé.... mais il est enraciné dans la conscience publique. Impossible de l'y étouffer, bientôt il en surgira.... J'ai la douleur dans l'ame mais je suis sans amertume. En réprouvant les mesures du gouvernement, je ne me fais pas illusion sur les difficultés qui l'ont assailli à l'improviste. Attaqué de deux côtés, l'instinct des représailles l'a saisi; il a voulu de suite trouver des armes terribles, et il a fouillé dans l'arsenal des décrets révolutionnaires et impériaux.

Quand on est près de périr ou du moins qu'on le croit, on n'est ni réfléchi, ni même scrupuleux sur les moyens de défense. C'est une fascination de conscience qui n'est que trop commune surtout en politique.

Au moment de finir, je lis dans un journal un jugement émané de magistrats dont j'honore l'intégrité et les lumières, et qui pourtant ne craignent pas de faire l'apologie des juridictions extraordinaires. Ils trouvent dans la nécessité un principe de compétence. C'est que ces magistrats ont foi au vieil adage *salus populi suprema lex esto.* J'ai montré ailleurs que le livre hideux de Machiavel n'en était que le commentaire. Au risque de passer pour un rêveur qui proclame d'inintelligibles abstractions, je ne cesserai de crier, même à ceux qui ne veulent m'écouter ou ne peuvent me comprendre, que la suprême des lois, c'est l'incorruptible justice, qui ne permet pas plus à un gouvernement qu'à un individu de se sauver par le mensonge et la violence.

Notre gouvernement, plus qu'aucun autre, y doit répugner, lui dont l'origine est si pure et si sainte : lui qui est le fils de l'insurrection de la loi, il était tenu de ne repousser l'insurrection que par la loi.

C'est la destinée que lui avait faite le grand ministre dont les funérailles ont donné le signal aux factions.

Je puis avec dignité le défendre après sa mort, car je l'ai attaqué pendant sa vie. Ceux-là calomnient ses intentions et ses actes qui l'accusent d'avoir encouragé la révolte dans nos contrées, par un système de légalité que, je l'avoue. il eût voulu être observé plus religieusement encore qu'il ne l'a été par quelques agens subalternes. En ne fournissant pas de motifs à la rébellion, il l'a énervée à l'avance. Des détentions, des bannissemens, des confiscations arbitraires ne l'auraient pas empêchée, ils l'auraient précipitée : non-seulement elle a été plus tardive, mais elle a été impuissante, parce qu'elle était sans griefs.

Du fond de son cercueil, M. Périer peut revendiquer sa part dans la prompte et facile défaite d'une insurrection qui n'était pas née viable, qui a traîné quelques jours à peine son agonie.

M. Périer sans doute l'eût réprimée; mais comme il l'avait prévenue, avec *l'ordre légal*. Sa main se fût desséchée plutôt que de signer, sinon les ordonnances de juin, au moins les instructions qui en ont déduit des conséquences fatales à notre avenir.

Il ne faut pas se le dissimuler, le culte de la Charte est ébranlé, on l'a suspendue à Paris et dans l'Ouest; et à qui s'en plaint et s'en inquiète, on répond qu'elle ne *régit que les temps ordinaires.*

Le vague cette restriction fait frémir. Mieux vaudrait avouer franchement; oui, la constitution est violée, le pouvoir s'est trouvé forcé dans ses derniers retranchemens : il a *fait un coup d'état.*

Il en est des coups d'état comme des insurrections; il y en a de légitimes, mais à de rares conditions. Le pouvoir n'est excusable de violer les lois qu'autant qu'il agit plus moralement et plus habilement sans elles qu'avec elles. Or, je le dis à regret, la création de commissions militaires n'est ni morale ni habile; c'est un mélange d'iniquité et d'étourderie. Je n'ai pas l'orgueil de me croire un homme d'état, cependant j'aurais mieux trouvé. Le temps me manque pour développer mes idées dont quelques amis sont dépositaires; je ne renonce pas à les livrer à la publicité; mais j'ai cru qu'il n'y avait pas un instant à perdre pour démasquer l'arbitraire, afin de le contraindre à se grandir et à s'épurer.

J'avais à cœur de confondre cette hypocrisie de légalité sous laquelle il se cache. Veut-il imposer aux esprits élevés et généreux? qu'il se dénonce hardiment. Vous m'avez nommé, dit-il; je suis l'arbitraire; ne vous inquiétez pas de mon nom, jugez-moi par mes œuvres; et qu'aussitôt il se déploie comme une providence sociale qui répare et prévoie, qui punisse et pardonne; alors tout le premier je m'inclinerai sous lui de reconnaissance et d'admiration.

Mais réduit qu'il est à ses expédiens actuels, qui ne sont que les vieilles et cruelles routines de l'ancien régime, de la révolution et de l'empire, il ne saurait trouver grace ni dans la conscience du légiste, ni dans celle du philosophe. Je me suis donc soulevé contre lui; je ne sais si mes protestations resteront solitaires, stériles : n'importe, j'aurai protesté. Je serai quitte envers mon pays et envers moi-même !

www.ingramcontent.com/pod-product-compliance
Ingram Content Group UK Ltd.
Pitfield, Milton Keynes, MK11 3LW, UK
UKHW012129240726
13965UKWH00005B/2068

9 782013 047746